Series created by O. Kuzovkov. Art Director: I. Trusov.

Loi n° 49-956 du 16 juillet 1949 sur les publications destinées à la jeunesse.
Dépôt légal : mai 2024. Édition 02. Rédaction : Natacha Godeau. Maquette : Élodie Marty.
Achevé d'imprimer en septembre 2024 par Pollina en France - 51121.

ANIMACCORD

Masha et Michka™

LE MARIAGE SURPRISE !

hachette
JEUNESSE

Quelle belle matinée ! Michka sort de sa cabane en sifflotant gaiement. Aujourd'hui, il va finir de fabriquer son grand bateau. Et bientôt, il pourra partir en mer à la pêche au gros !

HA ! HA ! HA !

Ça va être super ! Sauf que... Badaboum ! Le bateau s'écroule !

Pauvre Michka ! Toi qui rêvais de naviguer tout l'été...

VITE ! L'ours brun fonce vérifier ses économies. Hélas, il n'a pas assez d'argent dans ses tirelires pour s'offrir un bateau de rechange ! Il soupire tristement, lorsque Masha passe lui rendre visite avec son nouvel appareil photo :

– Tu as un problème, Michka ?

Michka enfile sa casquette de marin, puis il montre une jolie photo de bateau en poussant un autre soupir. Masha comprend immédiatement.

– OH ! Tu voudrais acheter un bateau ! s'exclame-t-elle. Allons chercher du travail pour gagner de l'argent !

Tu as raison, Masha : dans la vie, il faut toujours essayer de réaliser ses rêves !

ZOU ! Masha et Michka filent à vélo.
Ils traversent la forêt, le quai de gare, le champ de tournesols et la voie ferrée.
Enfin, ils arrivent en ville.
Bravo, c'est le meilleur endroit pour trouver un travail ! D'ailleurs, au Château des Mariages, l'organisatrice en chef a justement besoin d'un photographe.

Michka porte l'appareil photo de Masha autour du cou. Aussitôt, l'organisatrice de mariage décide d'engager l'ours brun comme photographe.

Ni une, ni deux, elle lui remet son salaire :

YOUPI ! Il y a plusieurs billets de banque, c'est parfait !

Maintenant, il faut photographier un couple de jeunes mariés. L'ennui, c'est que Masha n'est pas très sage ! Elle s'amuse même avec le bouquet de fleurs.

– Va plutôt jouer avec les autres enfants, lui propose l'organisatrice.

HI ! HI ! HI ! Masha est ravie de rencontrer le garçon et la demoiselle d'honneur !

La demoiselle d'honneur explique qu'elle jettera des pétales sur le chemin des mariés. Quant au garçon d'honneur, il devra leur donner les alliances.

– Et en attendant, on rigole comment ? s'écrie tout à coup Masha.

ET ZOU ! La coquine court au buffet de mariage où elle boit toutes les limonades !

HI ! HI ! HI ! Masha est si drôle que la demoiselle d'honneur éclate de rire. Hic ! Hic ! Hic ! Elle rit tellement fort qu'elle en attrape un énorme hoquet.

– Oh ! là, là ! Masha te remplacera, décide l'organisatrice.

Évidemment, Masha accepte sans hésiter.

Masha adore sa robe de demoiselle d'honneur.
Elle aime aussi beaucoup son petit panier
plein de pétales de fleur à lancer.

ET HOP ! La fillette jette tous les pétales !
Les pigeons sont contents de les picorer.
Mais le panier est vide désormais,
et le mariage va bientôt commencer !

– Heureusement, j'ai une idée pour tout arranger, déclare Masha.

OH LÀ LÀ !

Sur la table des cadeaux de mariage, il y a une paire de ciseau et des enveloppes remplies de billets...

Elle s'empresse de les découper en confetti qu'elle lance devant les mariés.

Quelle catastrophe ! Si les mariés voient ça, toute la fête sera gâchée !

Vite, Michka remplace tous les billets déchirés par les siens.

OUF ! Le mariage est sauvé.

Mais *grrr !* L'ours brun est très fâché !

Pour le mariage d'après, la demoiselle d'honneur récupère son panier.

Quant à Masha, elle tient le long voile de la mariée, pour l'empêcher de s'envoler.

– Je préfère goûter le gâteau à la crème ! s'exclame soudain la gourmande.
Hop ! Elle bondit sur la desserte à roulettes en entraînant la demoiselle d'honneur.

Vite, le garçon d'honneur se met à courir après l'immense voile que Masha a lâché. Et Masha s'élance à sa poursuite en roulant à toute allure ! HI ! HI ! HI !

Vaoum ! La table à dessert roule, roule, roule à toute vitesse à travers le parc !

– Aaaah ! crie le garçon d'honneur en s'enfuyant devant elle.

– **HI ! HI ! HI !** éclatent de rire Masha et la demoiselle d'honneur en le rattrapant.

Sans hésiter, elles l'aident à monter avec elles sur la table roulante.

Bam, voici que la table bute contre le bassin de la fontaine !

SPLOF ! Le gâteau s'écrase par terre. Tout le monde descend, la course folle est terminée !

De son côté, Michka réussit à photographier les mariés. Mais il doit encore réparer les bêtises de Masha !

Enfin, la cérémonie de mariage commence.

OH LÀ LÀ !

Après sa course folle, le garçon d'honneur est tout décoiffé !

Vite, il se refait une petite beauté comme si de rien n'était.

PUIS ZOU !

Il rejoint Masha et la demoiselle d'honneur auprès des jeunes mariés.

Pendant ce temps, Michka repart en ville acheter un nouveau gâteau à la pâtisserie.

OUF ! Il trouve exactement ce qu'il lui faut ! La fête est encore sauvée, mais ça lui a coûté ses derniers billets. Oh non ! il ne lui reste plus d'argent du tout pour son bateau, maintenant !

Pourtant, ce n'est pas le moment de se désespérer.
Il reste un dernier mariage à célébrer.
L'organisatrice a tout installé sous
une tente blanche, dans le parc du château.
– Tout doit être absolument parfait car
cette fois… c'est **MOI** la mariée ! dit-elle.
Et ni une, ni deux, elle court se préparer et accueillir ses invités.

Alors, Michka prend la direction des opérations. Il ordonne aux trois enfants de rester sagement assis sur un banc. **INTERDICTION** formelle de toucher à la limonade, aux cadeaux, au gâteau !

– Oui, Michka, nous ne toucherons à rien ! promet Masha.

À cet instant, Masha remarque une belle cage à oiseaux.

Rourou ! roucoulent les colombes à l'intérieur.

– Au fait, Michka n'a rien dit à propos de ça, murmure la coquine.

Et **HOP ! HOP !** elle tente d'attraper les colombes et en voulant la retenir, Michka renverse la cage par mégarde !

Quel désastre, toutes les colombes s'échappent !

FLAP ! FLAP ! Elles s'envolent partout sous la tente de cérémonie.

Vite, Masha et ses amis essaient de les rattraper !

Hélas, ils ne parviennent qu'à détruire toutes les décorations du mariage et toutes les tables du buffet.

Devant tout cet effroyable gâchis, la gentille organisatrice éclate en sanglots.

– Mon beau mariage est annulé, pleure-t-elle en s'éloignant. Dire que cette journée était le rêve de ma vie !

OH NON ! Masha a tant de chagrin pour elle !

– Nous devons tout réparer ! décide-t-elle subitement.

Peu après, Masha et ses amis rejoignent l'organisatrice et son fiancé.

– Il ne faut jamais abandonner ses rêves ! dit Masha. Est-ce que vous voulez toujours vous marier ?

Bien sûr, les amoureux veulent toujours se marier !

– **SUPER !** ajoutent le garçon et la demoiselle d'honneur. Parce qu'on a tout réparé !

OH ! Quelle superbe cérémonie ! Le mariage surprise, dans le parc du château, est une réussite : c'est si enchanteur, si romantique, si joyeux ! Exactement ce dont rêvaient l'organisatrice et son fiancé.

Plus tard, Michka regagne sa cabane. Il est déçu de ne pas avoir assez d'argent pour son bateau. Mais Masha déclare alors :

– Ne t'inquiète pas, Michka, je vais encore t'aider à réaliser ton rêve. Et tu sais quoi ? Je t'ai déjà trouvé un autre travail !